www.tredition.de

AF186283

Christine Lauscher

Innenansichten

Gute Gedanken

© 2016 Christine Lauscher
Umschlag, Illustration, Texte, Fotos und Bilder von
Christine Lauscher

Verlag: tredition GmbH, Hamburg

ISBN
Paperback   978-3-7345-1707-5
Hardcover   978-3-7345-1708-2
e-Book   978-3-7345-1709-9

Printed in Germany

Christine Lauscher, Jahrgang 1971,

Klangmassagetherapeutin,

verheiratet und Mutter von 2 Kindern.

Nach den Mut machenden Gedichten, Geschichten und Gedanken in ihrem ersten Buch „Durch die Brust ins Auge ins Herz" hier nun neue „Innenansichten" der Autorin.

Entstanden in verschiedenen Lebenssituationen, immer den Blick aufs Detail gerichtet, immer nach vorne schauend.

www.klangraum-lauscher.de

Inhaltsverzeichnis

Meeresrauschen

Sieh hin, hör zu,
der Wind und die Wellen -
es scheint, als redeten sie zu Dir.

Sieh vor Dich - all die kleinen Muscheln
und Scherben und Steinchen,
erzählen Dir ihre Geschichte.

Nicht Perfektion, nicht Unversehrtheit
sprechen aus ihnen.
Gerade die kleinen Macken und vermeintlichen
Fehler
machen sie so liebenswert.

Du musst nur mit offenen Augen und
weitem Herzen
ihre Schönheit erkennen.

Geh nicht fort – verweile noch,
lass sie zu Dir reden.

Sieh hin und hör
einfach
nur zu.

Sandburg

Du kannst die größte Festung bauen –
baust Du sie aber auf ein schlechtes Fundament,
so wird sie niemals standhalten –
wenn die Flut hereinbricht.

Drum sorge für feste Wurzeln
und sicheren Halt,
dann wird Deine Festung
die Zeiten überdauern.

Der Weg

Bleibe auf dem Weg, steh nicht still und warte -
zurückschauen willst Du zwar –
aber halte dort nicht an.

Es gibt noch viel zu seh'n -
du hast was zu erwarten,
drum bleibe auf dem Weg -
fang an weiter zu geh'n.

Bleibe auf dem Weg, und sieh -
der Himmel steht dir offen -
blicke nur nach vorn,
denn die Stufen führen rauf.

Gucke nicht zurück -
die Zeit ist viel zu schade -
such da vorn dein Glück.
Nur so kommst Du auch ans Ziel.

Sternenkind – Lied

Du mein Sternenkind – zeig mir doch deine Welt
In deinem Kopf da dreht sie sich ganz einfach
schöner.
Die bunten Farben kann ich seh'n, wenn ich in
deine Augen schau.
Ach, mein Sternenkind – ich kenn dich ganz genau.

Nimm mich an deine Hand – ich geh den Weg mit
dir.
Ich will die schönen Dinge nur mit dir erleben.
Wenn ich die Zeit anhalten könnte – ich würd's tun
für dich und für mich.
Mein liebes Sternenkind – ich liebe dich.

Du gibst mir Halt, du gibst mir Glück -
ich hoffe, ich geb es dir zurück -
solang bis unsere Wege sich mal trennen müssen.
Den Augenblick mit dir – wo ich dich still in meine
Arme nehm,
den werde ich mein Leben lang nicht mehr
vergessen.
Mein liebes Sternenkind komm her -
ich möcht' dich küssen.

(für Jonas)

Wunder

Ich will dir heute sagen, dass du ein Wunder bist.
Ich freue mich, dass ich dich kennen durfte -
so ganz begreife ich's noch nicht,
du bist ein Teil von mir.
und bist mir so vertraut,
als gäb's dich immer schon.

Danke, mein kleines Wunder, du bist das schönste
Geschenk für mich.
Du machst das Leben so wunderbar -
ich freu' mich und liebe dich.

Die Zeit vergeht, du wächst heran,
dein Zauber wird nicht kleiner.
Die ganze Welt sieht deinen Charme,
du ziehst die Menschen an.
Oh wunderbares Menschenkind,
ich bleib in deiner Nähe.
Verwundert sehen wir uns an
und lachen beide laut.

Danke, mein kleines Wunder, du bist das schönste
Geschenk für mich.
Du machst das Leben so wunderbar -
ich freu' mich und liebe dich.

Ich wünsche Dir von ganzem Herzen
ganz viel Wunder für dein Leben.
Du bist mein Schatz, mein Augenstern,
mein wunderbares Kind.
Ich weiß auch, wenn ich von dir geh,
so geht das nicht verloren.
was dich und mich verbunden hat,
das bleibt für alle Zeit.

Wunder gehen nie verloren,
das will ich dir versprechen.
Wunder gibt's zu allen Zeiten -
glaube mir, mein Kind.

(für Hannah)

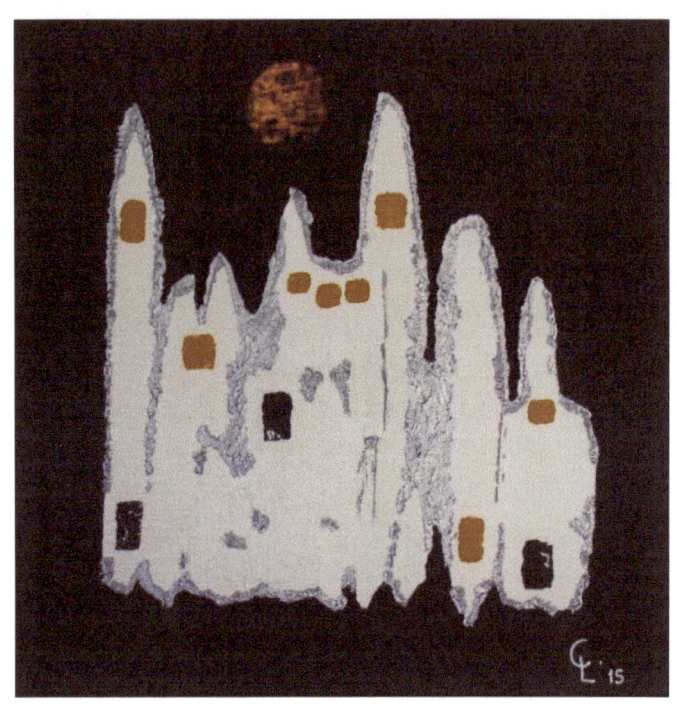

Nightmare

2015

Nacht

Die Nacht kennt keine Farben -
still ist's ringsumher.
Allein -
ich kann nicht schlafen.
Ich dreh mich hin und her.

Im Kopf sind noch so viel Gedanken -
mit Ruhe komm' ich nicht gut klar.
Da bin ich bunt und laut und lebe,
und die Nacht ist schwarz.

Sturm kommt auf und bringt aufs Neue
schwarze dicke Nacht herbei.
Ach, wie ich mich auf morgen freue -
auf den hellen Tag!

Neuland

Zu neuen Ufern brech' ich auf -
verlasse alte sichere Pfade -
stell mich im Kopf auf Neues ein.
Will's wenigstens versuchen.

Zu neuen Ufern brech' ich auf -
was soll mir schon passieren?
Ich habe Mut und Lust und Kraft -
was Neues zu probieren.

Ich werde ruhig, und ich kann spüren -
da hat was angefangen.
Ich bin längst auf dem neuen Pfad -
ein kleines Stück gegangen.

Auf was es ankommt

Auf was es ankommt im Leben?

Das sind die Stunden,
die man in Liebe miteinander verbringt -
in denen man lacht, sich küsst,
und ineinander versinkt.
In denen die Gedanken
in dieselbe Richtung denken
und wir uns Wärme, Glück und Nähe schenken.

Auf was es ankommt,
das fragst Du mich?

Es kommt auf uns an – auf Dich und mich.

So einfach ist das Leben.

Auszeit

Ich habe mir meine Auszeit nicht selbst
ausgesucht -
sie war plötzlich einfach da -
ich war überrascht
und gar nicht darauf vorbereitet
und ich wollte sie nicht haben.

Aber Auszeiten kommen, um zu heilen -
sie kommen ohne um Erlaubnis zu fragen -
sie kommen zu uns, weil wir sie uns sonst nicht
nehmen würden.

Sie wollen unseren festgefahrenen Alltag
durchbrechen
und den Blick aufs Wesentliche lenken.

Wir sollten uns öfter eine Auszeit schenken,
dann wird aus Auszeit neue Lebenszeit.

Dann kann der Akku laden.

Dancing girl on planet love
2016

Ziele

Heute sammle ich Glücksmomente
heute fang ich Sonnenstrahlen
heute spüre ich das Leben
heute fühlt es sich gut an.

Was ich morgen mache, fragst Du?

Ob ich morgen lache, fragst Du?

Ich sag' aus vollem Herzen Ja -
denn Leben, das ist wunderbar.

Ich mach' einfach so weiter.

Wirrwarr
2015

Gegenmittel

Die nackte Panik und die kalte Angst nahmen
plötzlich Besitz von mir.
Die eine schlich sich in meine Gedanken und die
andere umklammerte mein Herz, das Atmen fiel
mir schwer.
Ich fühlte mich hilflos, machtlos und allein.
Konnte so das Ende sein?

Doch dann wuchs da etwas heran – es kam von tief
drinnen und fühlte sich gut an.
Es war die leise Hoffnung, die die Umklammerung
wegnahm – und der starke Glaube, der mich in
seine Arme nahm, und dunkle Gedanken
verscheuchte.
Ich sagte zu beiden, dass ich sie bräuchte und dass
sie bei mir bleiben müssten.
Da fingen sie an, vor Freude zu weinen und sagten,
dass sie das schon längst wüssten.
Die große unendliche Liebe hatte sie zu mir
geschickt – sie wirken in mir, wenn ich's erlaube –
sie wirken stark, wenn ich dran glaube,
sie machen es Angst und Panik schwer -
so oft kommen die jetzt nicht mehr.

Ich hab das Gegenmittel!

Danke.

Mondblumen
2015

Novemberblues

Wenn der Novemberblues mich packt,
dann hat er neuerdings ver ... spielt -
denn ich sehe nicht mehr ein,
dass er die gute Laune stiehlt.

Kein Monat hat dazu das Recht,
und schlechte Laune ist eh schlecht.

Ich backe Kuchen, schreib Gedichte,
mach Besuche, schmück das Heim,
freu mich am vorweihnachtlichen Lichte
und kann trotzdem besinnlich sein.

Jetzt ohne Traurigkeit und Kummer.

Wer's anders hält,
der
tut mir leid.

Freundschaft
2015

Die Zauberkraft der Worte

Worte haben Zauberkraft -
sie können uns ganz tief erreichen.

Sie geben Kraft und Zuversicht
und zaubern ein Lächeln ins Gesicht -
und öffnen unser Herz.

Die größte Zauberkraft
steckt in „ich liebe Dich".

Sie ist stärker als jeder Schmerz,
sie trägt durch, ein Leben lang,
so schön ist ihr Zauberklang.

Komm öffne Deine Ohren.

Die Zauberkraft der Liebe,
die geht niemals verloren.

Sie hat das letzte Wort.

Grenzenlos

Schon immer ist unser Leben
von Grenzen bestimmt,
die es zu überwinden gilt.

Mit dem Verlassen der Begrenzung durch den
Mutterleib bei unserer Geburt,
beginnt der ewige Kampf ums Überleben.

Wir erleben unterschiedliche Begrenzungen,
Eingrenzungen, Grenzerfahrungen und vielleicht
Grenzüberschreitungen. -
aber wir wachsen daran
und lassen uns durch nichts und niemanden
von dem Weg abbringen, der uns bestimmt ist.

Der Weg hin zum grenzenlosen Himmel,
von dem wir hier schon Stücke schauen dürfen -
der schon in dieses Leben strahlt.

Ja – dafür lohnt sich alles.

Vor dem Sonnenuntergang

Keinen Tag verschwenden

- er sollte glücklich enden

Keinen Tag verstreichen lassen

- immer lieben – niemals hassen

Keinen Tag vergeude

- verbringe ihn mit Freude

Keinen Tag verschenken

- ohne an dich zu denken

Kein Tag kehrt wieder

- drum sing heute deine Lieder

Mit Glück, Liebe, Freude, Dir und Gesang

kann er kommen,

der Sonnenuntergang.

Denn mehr passt in keinen Tag,

aber weniger sollte es auch nicht sein.

Viva la Vida
2015

Lebensfreude

L ... ieben

E ... ssen

B ... eten

E ... ngel

N ... achsicht

S ... prechen

F ... eiern

R ... uhen

E ... insicht

U ... mkehren

D ... anken

E ... rleben

Ja, das alles will ich tun,
jetzt und jeden anderen Tag,
den mein Gott mir schenken mag.

Das ist Lebensfreude,
das ist's, was mich trägt.

„Ade"
2015

Mein Wunsch

Ich möchte loslassen,
was mich krank macht,
ich möchte wertschätzen,
was ich an Reichtum habe,
ich möchte dankbar sein,
für die Bewahrung
und wieder lachen können.

Ich hake es ab als eine Erfahrung
und blicke nicht zurück.

Wenn überhaupt -
liegt in der Gegenwart das Glück-
ich muss es nur erkennen
und von Vergangenem mich trennen.

Das ist mein Wunsch
und auch mein Ziel-
ich hoffe, das ist nicht zu viel.

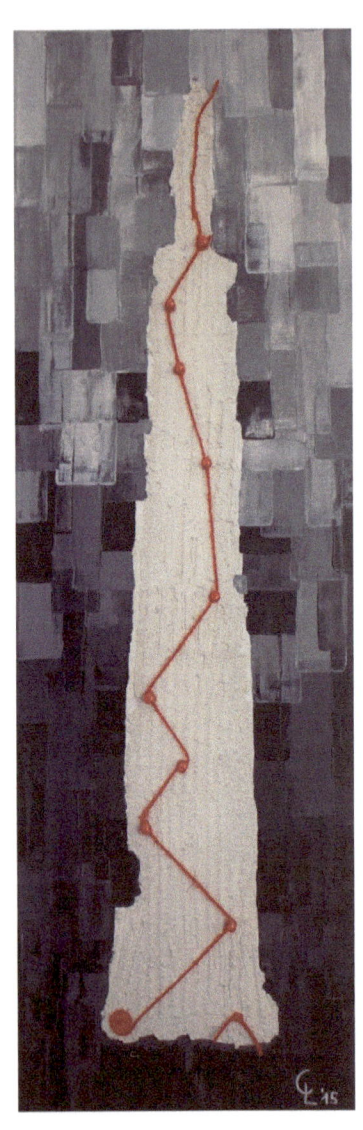

Bergbesteigung, 2015

Kein Demokrat

Das Schicksal ist kein Demokrat -
es fragt nicht, ob es kommen darf -
es kommt einfach und ist dann da -
in unterschiedlichen Gewändern.

Es kommt als Krankheit, Trennung, Tod -
da wo es einschlägt herrscht die Not.
Da weiß man sich oft keinen Rat -
und kann auch nichts dran ändern.

Das Schicksal ist kein Demokrat -
davor kann sich niemand schützen-
doch will ich daran nicht zerbrechen,
denn es würde gar nichts nützen.

Ich will das Schicksal nicht zum Feind -
ich will ihm ins Auge sehen,
will versuchen zu verstehen -
vielleicht hat es das Schicksal
ja auch gut mit mir gemeint?!
Wer weiß?
Vielleicht wird es einmal mein Freund?!

Huckepack

Jeder trägt ihn huckepack-
seinen eigenen Sorgensack.

Und die Sorgen drücken -
gestern, heute, morgen -
ich seh sie an, die armen Rücken
und teile ihre Sorgen auf.

Ich mache kleine Säckchen draus
und lege eins zum andern.
Es lässt sich doch mit kleinen Sorgen
sehr viel leichter wandern.

Also stehn wir niemals still,
auch wenn man keine Sorgen will -
ein jeder trage doch einmal
die Sorgenlast des andern.

Denn damit ändert sich die Sicht -
den schwersten Sack -
den trag ich nicht!

Der wird für mich getragen!

Aufbruch

Mach die Augen auf,
das Leben ist schön -
hör mit dem Weinen auf -
dann kannst du es seh'n.

Die Sonne scheint so hell und warm.
Der Frühling nimmt dich in den Arm.
Er macht – wie immer – alles neu.
Ach – wie ich mich darüber freu.
Das Alte ist bereits gegangen -
es hält dich nun nicht mehr gefangen.

Du hast die Frühlingsluft gerochen,
du hast gelächelt und bist mutig
wieder zu dir aufgebrochen.

Ich wünsch Dir einen guten Weg –

Und vielleicht nimmst du mich mit?

Geschenk

Gedanken denken

    Glück verschenken

Liebe geben

    lange leben

Hoffnung haben

    und sie teilen

Bei dem anderen verweilen

und ihm treu zur Seite steh'n –

das würde ich als Geschenk verstehn.

Und so mache ich es auch.

Die Suche nach dem Glück

Ich war sehr lange auf dem Weg
und suchte nach dem Glück -
doch als die Sonne unterging,
kam ich nach Haus zurück.

Ich war sehr traurig und auch sehr allein -
das Glück war nicht zu finden -
wie konnte das sein?

Da öffnete ich leis' eine Tür -
vielleicht war das Glück ja auch schon längst hier?
Es war die Tür zu meinem Herzen.

Sie liegen nah beieinander -
das Glück und die Schmerzen.
Das eine kann ohne das andere nicht sein.

Das weiß ich jetzt -
bin nie wieder allein.
Ich habe das Glück gefunden.

Es war ja nie weit weg.

Wünscheflaschen
2016

Ansichtssache

Das Glas ist halbvoll,

das Glas ist halbleer.

Der Weg ist leicht,

der Weg ist schwer.

Es ist zum Lachen

oder zum Weinen

Mal ist man zusammen

und mal auch alleine

Mal hält man es mit sich selbst nicht aus.

Mal will man aus seiner Haut heraus.

Und manchmal da will man

- das klingt jetzt verrückt –

einfach nur, dass jemand es sieht –

Und einen umarmt und ganz fest drückt –

Wenn all das geschieht,

dann ist es Glück.

Wie siehst Du das?

Glückskind
2015

Kraft

Die Kraft liegt in Dir –
du trägst sie im Herzen.
Du wirst zum Stier –
erträgst alle Schmerzen.
Der Glaube an Dich –
verleiht Dir Flügel.
Die Kraft liegt in dir –
erinnere dich.
Aus dem Berg wird ein Hügel.
aus Dunkelheit wird Licht
Die Kraft die Du hast –
die durchbricht das Leid.
Sie ist immer da –
überdauert die Zeit
und du darfst sie mit anderen teilen.

Komm, lass uns Kraftspender sein.

Problemberg

Er hat sich lange angehäuft -
der Problemberg -
und immer kam ein neues hinzu –

Erst war er noch klein -
klein wie ein Zwerg -
doch wuchs er zum Riesen im Nu.

Der Berg sah jetzt sehr bedrohlich aus -
ich ging unter der Last in die Knie -
ich zweifelte an meiner Kraft
und dachte – den bezwingst du nie.

Er war einfach viel zu groß.
Wie wird man die Probleme los?
Die Lösung, die lag auf der Hand -
ich hab mich von ihm abgewandt
und ging ein ganzes Stück
zurück.

Als ich nun zu dem Berge sah -
veränderte sich der Blick -
auf einmal schien er mir viel kleiner -
vielleicht war es gar nicht meiner?
Wurde ich vielleicht verrückt?

Die Probleme waren der Berg.
Der Berg blieb dort stehen -
ich aber bin frei -
frei zum Weitergehen -
ich lass meinen Berg einfach hinter mir stehen -
will mutig in die Zukunft sehen -
und wer weiß?

Eines Tages wird Gras drüber wachsen.

Entzauberung
2016

Schatten der Vergangenheit

Mach zum Abschied Dich bereit

vom Schatten der Vergangenheit.

Lass das Licht der Gegenwart

in Dein buntes Leben.

Male Deine Gedanken –

gib ihnen in Bildern ein neues Gesicht.

Lebe heute – lebe im Licht.

Lass Worte zaubern –

schreib ein Gedicht.

Sei lebendig, sei kreativ,

dann haben Schatten keinen Platz,

und dein Lebensplan geht auf.

Freudemonsterchen
2015

Wertvoll

Wenn zwei, die sich begegnen

keine Gegner sind –

wenn Berührung nicht nur im Außen stattfindet,

wenn Worte noch Gewicht haben –

wenn man sich in die Augen schauen kann –

ohne den Blick abzuwenden,

wenn wir Zeit nicht verplempern

sondern verschenken –

wenn wir auch mal an andere denken,

über den Tellerrand hinaus –

dann strahlt etwas in die dunkle Welt.

Dann lächelst Du,

und das ist wertvoll.

Und du bist es voll wert.

Mal ehrlich

Fühlen, spüren, Wärme geben,
zuhören, Zeit haben, lange reden,
Bäume streicheln, Blumen pflücken,
Lieder singen mit Entzücken.
Essen kochen und zelebrieren,
mit dem Hund im Wald spazieren –
nur mit hellen Farben malen,
Kraft schöpfen aus den Schalen,
in denen Klang zuhause ist –
das Kind in sich bewahren –
was man gerne mal vergisst,
vieles mit Humor betrachten,
das man eh nicht ändern kann –
und den Tag fängt man am besten
mit herzhaftem Lachen an.
So, jetzt weißt du, was ich mache.

Ach

Vorgestern ein „Ach" der Sehnsucht,

gestern ein „Ach" der Enttäuschung,

heute ein „Ach" der Erleichterung,

und

morgen ein „Ach" des Staunens,

übermorgen überrascht von der Begegnung

mit mir selbst.

„Ach"

Wieder

Wieder hat sich dieser Tag
gegen mich verschworen.
Wieder hab ich etwas –
und dann auch mich verloren.
Meine Nerven liegen blank –
ich möchte mich verkriechen.
Wenn das so bleibt,
dann wird' ich krank –
das kann ich fast schon riechen.
Wieder die Kontrolle
ans Universum abgegeben.
Wieder muss ich nun mit mir
und den Folgen leben.
Wieder bin ich ganz allein –
ich weiß einfach nicht weiter.
Die Welt draußen ist auch grau –
und ich kein Stück gescheiter.

Doch hilft mir auch mein Weinen nicht –

ich muss wieder raus. Ich wasch mein Gesicht,

ich schnapp meine Hunde,

ich geh in den Wald und liefere mich aus.

Wieder ein Anfang –

ein neuer Tag –

ich sehe nach vorne

und freu mich aufs Leben

und habe mir gerade

auch selbst vergeben.

Wieder und wieder und wieder.

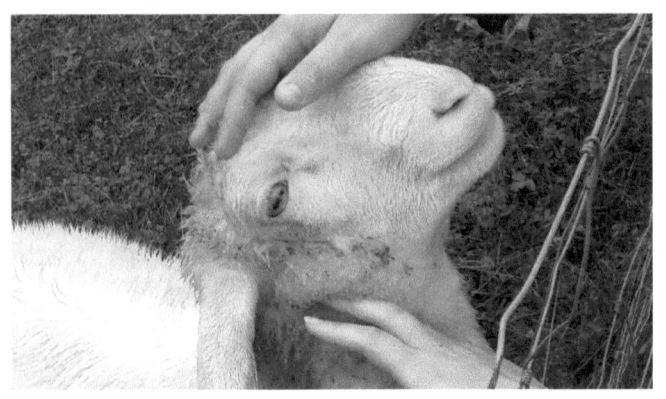

Vertrauen

Du hast Dich in Dir selbst vergraben und denkst,

dass alles dunkel ist.

Das Leben hat Dir nichts gegeben

und deshalb siehst Du auch kein Licht.

Ich sage Dir –

es gibt noch Licht –

so war's zu allen Zeiten –

durch Glaube, Liebe, Zuversicht,

kann's Leben man bestreiten –

ich wünsche Dir viel Glück.

Probier' es einfach aus und staune.

Du wirst sehen –

es ändert sich –

ich hab' es selbst erlebt.

Ohne und mit

Ohne Halt – grundlos

Ohne Grund – bodenlos

Ohne Boden – sinnlos

Ohne Sinn – kraftlos

Ohne Kraft – leblos

Ohne Leben – tot

Mit Mut – hoffen

Mit Hoffnung – glauben

Mit Glauben – vertrauen

Mit Vertrauen – wachsen

Mit Wachstum – lieben

Mit Liebe – leben

Mit Gott, mit Dir, im Licht.

Es wächst nur, was ich gieße

In meinem Garten ist es bunt.

Es wachsen viele Dinge.

Manche sind klein und manche groß –

es wächst nur, was ich gieße.

Die Angst ist fast schon ausgetrocknet,

die Wut sieht auch schon kläglich aus,

die Trauer riss ich gestern aus

und pflanzte neuen Mut.

Die Freude wird ein großer Busch

und Hoffnung seine Früchte –

die Liebe bildet eine Ranke

und reicht bis in die Lüfte.

Ach – wie den Garten ich genieße.

Ich singe leis' mein kleines Lied –

es wächst nur, was ich gieße.

Gutes Ende

Als ich gerad an nichts dachte,

da kamst du mir in den Sinn.

Als es dunkel war um mich,

und ich nicht wusste, wer ich bin,

da warst du näher, als ich dachte.

Als ich das Denken gegen Fühlen eintauschte,

erlebte ich das Leben neu.

Mit allen Sinnen sauge ich es auf

und merke, wie sehr ich mich freu.

Ich kann in allem was Gutes sehen,

kann leichter nun durchs Leben gehen

und erwarte noch viele Wunder –

auch weil's einfach Freude macht –

wenn man lacht.

Tschüss – Sorgenvögel
2016

Tschüss - Sorgenvögel

Jeder Mensch kennt Sorgen,

sie sind sehr verschieden,

sie sind groß und sie sind klein,

und keiner will sie kriegen.

Keinem ist jedoch bewusst,

dass auch Sorgen Flügel haben,

und man sie zum Himmel fliegen lassen kann.

Dort werden sie so verwandelt,

dass der Mensch damit wieder leben kann.

All eure Sorgen werfet auf ihn –

so steht es schon geschrieben.

So fliegen auch meine Sorgenvögel davon –

Und ich hab meinen Frieden.

Tja

Es kommt nicht darauf an,

wie schön du aussiehst,

sondern wie schön du von innen bist.

Es kommt nicht darauf an,

wieviel Geld du hast,

sondern was dich wirklich reich sein lässt.

Es kommt nicht auf die Menge deiner Freunde an,

sondern auf ihre Echtheit.

Es kommt nicht auf die Länge deines Lebens an,

sondern auf die Tiefe.

Es kommt –

Und meistens anders, als du denkst –

Was sagst du nun?

Erleuchtung
2016

Funke und Feuerwerk

Funke Hoffnung

Funke Liebe

Funke Glaube

Funke Zuversicht

Funke Glück

Funke Freude

Funke Wärme

Funke Nähe

Feuerwerk Leben

Free heart
2016

Erwartung erfüllen oder Erfüllung erwarten?

Früher wollte ich immer nur die Erwartungen anderer erfüllen.

Ich scheiterte aber regelmäßig und konnte nichts und niemandem gerecht werden.

Der Erwartungsdruck war einfach zu hoch.

Heute erfülle ich keine Erwartungen mehr.

Heute erwarte ich Erfüllung, in dem ich tue, was ich liebe.

Seitdem gehe ich leichter durch mein Leben und ich hoffe, das steckt an.

Der Dornenbusch

Als ich noch jung war, da hatte ich ein dichtes
grünes Blätterkleid und zarte, kleine Knospen.

Im Frühling gingen sie auf, und brachten die
wunderbarsten Blüten hervor – ihr Duft war
betörend, alle, die mich sahen, waren froh.

Doch dann hast du mir die Blätter geraubt – ich
habe geweint, doch weiter geglaubt –
an deine große Liebe!

Bis du mir auch die Blüten nahmst – da zweifelte
ich doch sehr an ihr -
an deiner großen Liebe!

Und nicht genug der Peinigung – denn noch mehr
Schmerz kam über mich – du sagtest mir: „Es muss
so sein", und schnittest ab die frischen Triebe – da
spürte ich sie gar nicht mehr -
deine angeblich große Liebe!

Jetzt steh ich da – alleine!
Ganz kahl -
ganz leer
und mir ist kalt -
ich will nicht mehr!

Warum machst du nicht Schluss?
Lösch doch den Rest auch noch aus!
So zu leben ist doch sinnlos!
Oder?

Doch da,
der kleine Vogel – er trägt einen zarten Halm in
seinem Schnabel.
Er lässt sich nieder auf einer Astgabel –
und siehe da -
er baut sein Nest.
Ich werde gebraucht – so viel steht fest!

Für diesen kleinen Vogel da
bin ich auch so noch wunderbar -
auch ohne grünes Blätterkleid -
auch ohne meine Blüten.
Und die Zweige, die ich habe,
werden jetzt sein Nest behüten.

Herr, ich danke dir für deine Liebe –
wenn sie mir auch Schmerzen macht,
ist sie trotzdem immer da,
jeden Tag und jede Nacht!

Spuren im Sand

Vier Füße hinterlassen
Spuren im Sand
- es sind deine und meine.

Sie haben sich
tief hinein gedrückt
- dennoch werden sie nicht ewig bleiben.

Das Wasser wird sie überfluten
- dann werden wir sie nicht mehr sehen.

Was soll's?

Wir werden weitergehen,
weitersehen

und

neue Spuren hinterlassen.

Brenne, kleine Kerze

Das Leben -
dein Leben.
Es ist!

Es ist
so gefährdet
so bedroht
so vergänglich
so leise
so klein
so begrenzt
so kurz
und doch!

Und doch so schön!

Wo du brennst und bist -
da ist!

Da ist
Wärme
Liebe
Licht
Geborgenheit
Nähe
Ruhe
Lebenswille!

Und in all der Hektik schenkst du Ruhe.
In all der Hektik schenkst du Kraft.
Du lässt die Träume neu erwachen.
Du machst die dunklen Winkel hell.

Brenne für mich, kleine Kerze!
Gott ist wie Dein Licht -
Nur Gottes Licht
brennt immer!

Lebenslichter
2014

Was ich heute bin

Heute bin ich Maler –

ich pinsele bunte Farben auf das Leben.

Heute bin ich Dichter –

ich beschreibe alles mit schönen Worten.

Heute bin ich Zauberer –

ich verwandele Tränen in Tau.

Heute bin ich Gärtner –

ich pflanze Liebe in jedes Herz.

Heute bin ich Koch –

denn Genuss ist gut für die Seele.

Heute bin ich Segler –

ich setze die Segel neu.

Heute bin ich Clown –

ich nehme nichts zu ernst.

Ich lache, ich bin leicht und fröhlich –

das ist's was ich heute bin.

Mal sehen, was ich morgen mache?!

Nachwort

Auf die Gedichte, Geschichten und Gedanken in meinem ersten Gedichtband habe ich viele positive und Mut machende Reaktionen bekommen. Vielen Dank dafür.

Viele Leserinnen und Leser konnten sich wiederfinden und immer wieder tröstende Impulse mit in den Alltag nehmen.

Deshalb ist es mir ein Anliegen, die Gedichte, die in den letzten zwei Jahren entstanden sind, in einem weiteren Gedichtband zu veröffentlichen.

Ergänzend habe ich einige Gedichte, die mir sehr wichtig sind, und die bereits vor meiner Krebserkrankung entstanden sind, in diesem Buch nieder geschrieben.

Ich hoffe und wünsche, dass durch meine Gedichte gute Gedanken entstehen.

Christine Lauscher

Wuppertal im August 2016

Alle Fotos, Bilder und Illustrationen in diesem Buch wurden von der Autorin selbst erstellt.

Weitere Bücher der Autorin:

„Durch die Brust ins Auge ins Herz"

Verlag tredition

www.klangraum-lauscher.de

Zeitfracht Medien GmbH
Ferdinand-Jühlke-Straße 7
99095 Erfurt, Deutschland
produktsicherheit@kolibri360.de